Rolf Friedrich Schuett

Wissenschaft, Moral(ismus) und Lebenslust

Logik, Ethik, Physis:
Das Wahre, Gute und Schöne morgen

Rolf Friedrich Schuett

Wissenschaft, Moral(ismus) und Lebenslust

Logik, Ethik, Physis:
Das Wahre, Gute und Schöne morgen

BoD - Books on Demand

Bibliographische Information Der Deutschen Bibliothek:
Die Deutsche Bibliothek verzeichnet diese Publikation
in der Deutschen Nationalbibliographie; detaillierte
bibliographische Daten sind im Internet abrufbar über
http:// dnb.ddb.de

Herstellung und Verlag :
BoD – Books on Demand, Norderstedt

Printed in Germany

ISBN 978-3-7543-0355-9

MIX
Papier aus verantwortungsvollen Quellen
Paper from responsible sources
FSC® C105338

INHALT

Für Elke
in Liebe und Dankbarkeit

Mordsspaß an der Lebensfreude

.

In der Jugend belebt uns noch Lebensangst,
im Alter tötet uns schon eine Riesenfreude.

Wenn zwei Eheleute sich streiten,
freut sich bald ein neuer Erdenbürger.

Am lebenden Feind kannst du oft leiden,
am toten dich nur einmal freuen.

Ein Egoist ist selten egoistisch genug,
dass er sich die Freude macht,
andere durch Geschenke zu erfreuen.

Wer sich an alles erinnert, erfreut sich
des schlechtesten Gedächtnisses.

Moderne Gotteshäuser wirken
wie von Atheisten entworfen,
heutige Freudenhäuser wie von Asketen.

Freizeit macht Spaß, der (bl)öde macht,
Muße macht Mühe, die Freude macht.

Der Sieger darf Tränen der Freude zeigen,
der Verlierer nicht Tränen der Wut.

Schadenfreude gilt als einziges Heilmittel
gegen Neid.

Schadenfreude ist auch gefällig
und Hilfsbereitschaft hämisch.

Wo die Freude anfängt, hört der Spaß auf.

Warum kann keine Freude sich den aussuchen,
den sie überwältigen will?

Die Bibel ist die Gebrauchsanleitung
der Schöpfung – damit Verbraucher am Produkt
nur Freude haben.

Meinungen, Freuden und Leiden
werden oft geteilt, doch nie in der Mitte.

Friede und Freiheit erfreuen weniger,
als ihr Fehlen schmerzt.

Lob freut den einen und ärgert die übrigen,
Tadel trifft einen und freut die anderen.

Sollen Reiche die Armen bemitleiden?
Arme freuen sich ja auch nicht
mit den verherrlichten Reichen.

Steter Wechsel zwischen Himmel und Erde
und Hölle erfreut als Paradies.

Wo Weihrauch ist,
kann auch Freudenfeuer gewesen sein.

Morgens ins Zuchthaus Fabrik, Feierabends ins
Freudenhaus Warenhaus und morgens zurück.

Die Arbeitsfreude der Künstler
übertrifft eure Urlaubsfreuden.

Mordsspaß an der Lebensfreude
beenden einander.

Alter leidet daran, nicht die Jugendleiden,
Jugend freut sich, nicht die Altersfreuden
zu fühlen.

Man steht im Warenhaus, sitzt im Zuchthaus,
liegt im Freudenhaus und steckt im Irrenhaus.

Ob Warenhaus, Freudenhaus, Zuchthaus oder
Irrenhaus : Hauptsache, es geht nach Hause.

Wer mehr könnte als nur träumen,
kann nur davon träumen, andere aus schönen
oder bösen Träumen zu wecken.

Aphodicta acuta : Schöngeistige Ästhetik
des sinnlich Ansehnlichen

Aphoristische Ideen heiligen *wahres* Wissen
mit *guter* Leistung in *schöner* Form.

Dass alles immer schöner und besser wird,
wird immer schlimmer.

Fata Morgana des Voyeurs. Schönheit ist jenes
Gute und Wahre, das unserer Bequemlichkeit
schmeichelt, weil wir es nicht erst durchdenken
und realisieren müssen, sondern gleich hören
und sehen und mit Händen greifen können.

Auch nächtliche Alpträume sind ein Erwachen
aus schönen Lebensträumen.

Endlich habe ich mich selbstverwirklicht.
Mein Traum war schöner gewesen.

Ein Künstler wird reaktionär, wenn er den Tod
der Schönheit als Schönheit des Todes verkauft.

Der Alptraum erfüllt uns den Wunsch,
beim Erwachen nur ein böser Traum zu sein,
und der Wunschtraum ist der Alptraum,
beim Erwachen nur ein schöner Traum zu sein.

Jugend? Schönfrist, die aufs Widerwort gehorcht
und sich absichtlich aufsichtserregend benimmt,
denn Rebellen erregt nur öffentliches Ärgernis.

„Alles ist subjektiv." — Schön war's ja, oder?

Ein Saal mit Käfig-Tapeten ist schöner
als eine Zelle mit Weltraum-Tapeten.

Wir leben voll in der Gegenwart, d.h.
wir erinnern uns an schöne Hoffnungen
und hoffen auf gute Jugenderinnerungen.

Die Freiheit der Gedanken ist ein schöner Gedanke.

Ist Platons Idee von Schönheit das Allerschönste,
schöner als schöne Frauen und macht sie erst schön?

Am schönsten ziehen die Literaten in Büchern das
Leben dem Lesen vor.

Zivilisation heißt, dass die schönsten Frauen nicht
mehr automatisch den kühnsten Männern gehören
und die kühnsten Dinge von den größten Feiglingen
auf bloßen Knopfdruck vollbracht werden.

Freud wurde Propagandist : Weil schöne Träume
auf eine hässliche Realität hindeuten, deuten unsere
Alpträume auf bessere und schönere Wirklichkeit.

Autoren können keine schöneren Titel tragen
als die Titel ihrer Bücher.

Kants Urteilskraft : Schönes überflutet alle Reize,
Ansehnliches überstrahlt angenehm Interessantes.

Ein hässliches Bild vom Schönen
ist noch kein schönes Bild vom Hässlichen.

Wird Beschränktheit schöner,
wenn Grenzenloses durchschimmert,
oder wird das Ende (obs)schöner,
wenn Endloses endlos durchscheint?

Verschönerung als Schönfärberei zu bezeichnen,
gilt als Schwarzmalerei.

Das Gute stößt ab, da es anstrengt;
das Schöne zieht an, weil es entspannt.

Die schönste Rose hat schmutzige Wurzeln,
das niederste Geschöpf den höchsten Schöpfer.

Schwarzweißmalerei verschönt graue Theorien,
grauen Alltag und das Feldgrau(en).

Sein Christentum hat Bachs Musik komponiert,
nicht lauter Lust an wunderschönstem Lärm.

Man hofft auf schönere Vergangenheit
und erinnert sich an alle Zukunftsängste.

Gewohnheit macht Schlimmes erträglicher
und Schönes unerträglicher.

Der Hahn löscht seinen Durst am Wasserhuhn,
werden ihm schöne Hühneraugen gemacht.

Nur Schlechtes *tun* heißt besser
als von Schönem nur *träumen*.

Mal nicht den Teufel an die Wand,
doch ist jedes andere Bild schöner?

Der Zeitgeist betrügt das einzig *Wahre* mit
der eigenen Meinung, das *Gute* mit Vergütungen,
Schönes mit der Färberei und *Heiliges* mit Diven.

Liebe deine Todfeinde, *das Wahre, Gute, Schöne*!

Künstlerische Schönheit glänzt
durch Grau in Grauen.

Durch friedliche Schönheit erklärt Kunst
der verhassten Welt den Krieg.

Dialektik ist wie Kleinfamilie : Drei sind immer
wahrer, besser und schöner als zwei ganz allein.

Wahrheit ist oft das Resultat
missglückter Schönheitsoperationen.

Vor schönen Gemälden wirst du hässlicher,
vor modernen Bildern um einiges schöner.

Ein *guter* Aphorismus ist nie zu *wahr*,
um *schön* zu tun.

Im Schaufenster oder Nachbarfenster sieht vieles
viel schöner aus als in meiner Bude.

Die schönsten Weltanschauungen
haben Blinde und Verblendete.

Der Klügere macht den Klugen dumm, die Schönere
die Schöne hässlich, doch Platons Idee des Schönen
macht Frauen eher bildschöner als obszöner.

Mein Kaff wird auf jeder meiner Weltreisen
weldbildschöner.

Es spricht nicht gegen Demokratien, dass sie oft
mehr Schönes als Schlimmes überstimmen.

Der Schwanengesang der Jungfrau klingt schöner
als die Jungfernrede der Hausfrau.

Existentialisten schaffen sich schönere Jugenderinnerungen durch tolle Zukunftspläne.

Aus wahrem Sein hinter schönem Schein wurde
das Verdrängte hinter allen Rationalisierungen.

Platon 2000. Die Idee der Schönheit muss nicht
schön sein, aber es ist gut, eine Idee vom Bösen
zu haben, und die Idee der Scheiße stinkt nicht.

Jugendschönheit wird selten den Geist entwickeln,
der über ihren späteren Verlust hinwegtrösten kann.

Der Wolf wird friedlich wie das gefressene Lamm,
und die dümmste Gans ist der schlaueste Fuchs, wo
es um schöne Gräser und hässliche Entlein geht.

Mancher verirrt sich aus dem schönsten Labyrinth
heraus geradewegs ins freie Schussfeld.

Spar dir deine Toleranz nicht auf für Wahrheit,
Heldenmut und Schönheit, wo du deine Intoleranz
doch auch nicht sparst für Niedertracht, Irrsinn
und hassenswerte Nichtswürdigkeit.

Die Schönheit hässlicher Frauen liegt nicht
in den Schönheitsfehlern der Schönen.

Auch das Schöne muss sterben,
nur nicht das schönste Zeugnis davon.

Das 20. Jahrhundert hat gezeigt, dass Gutes und
Schönes interessanter ist als Böses und Hässliches.

Irre glauben an annehmbare Vernunft,
Vernunftbegabte an schönen Wahnsinn.

Du hast den langen, beschwerlichen Weg
zum *Guten und Schönen* hinter dich gebracht,
um festzustellen: es ist längst anderswo.

Schön wirkt alle Selbstbegrenzung
monströser Unförmigkeiten.

Das (schwule) Schönheitsideal der Modeschöpfer
hält weibliche Kurven für ungesunde Fettpolster o.u.

Beneide jeden eher um das Schlimme,
das er nicht hat, als um das Schöne, das er hat.

Erst der Himmel macht uns die Hölle heiß
und scheint nie so schön wie im Fegefeuer.

Wer mir einen Spiegel vorhält, zeigt mir nur,
wie schön ich mich finde.

Wer Güte sucht, sucht nicht mehr Schönheit,
wer Schönheit sucht, nicht mehr Wahrheit,
und was wahr ist, ist kaum mehr gut und schön.

Was weh oder schön tut, muss nicht gut oder wahr
sein, und was guttut, nicht schön sein.

Auch Stalin und Mao wollten nur Schöneres verhüten, als sie den Himmel auf Erden knapp verfehlten.

Bärtige Barbaren. Die alten Griechen waren
grausam schöne Jünglinge, und heute ist man
bei der Geburt schon mehr als zweitausend Jahre alt.

Wir sind heute frei, jeder darf reich und geistreich,
schön und klug, charmant und mächtig sein.

Zwischen Herzensgut und Bitterböse
Entwurf einer aphoristischen Ethik
in moralistischen Maximen

Tu Gutes, als hinge alles von dir ab,
und bete, als hinge von dir gar nichts ab.

Wer mit dem Löwen allein ist, predigt ihm Moral.

Die Welt ist noch so schlecht, dass nur schlechte
Menschen gute Kunst und gute Menschen nur
schlechte Kunst machen.

Man hat seine schlechten Gründe, Gutes zu tun,
wie seine guten Gründe, Schlechtes zu tun.

Ich tu dir das Gute, dich Gutes an mir tun
zu lassen. Nun will ich wenigstens Dank dafür,
dass ich dafür keinen Dank will.

Ein Lob mindert die Güte, ein Witz die Bosheit.

Ein guter Mensch ist einer,
den andere für besser halten würden,
wenn er schlechter wäre.

Habenichtse können gut sein,
ohne wohltätig sein zu müssen,
klagen Wohlhabende.

Ein guter Mensch, dem es gut geht, fragt sich,
wem es dafür wohl gerade schlecht gehen mag;
ein schlechter Mensch, dem es schlecht geht, fragt
sich, wem es dafür wohl gerade zu gut gehen mag.

Dialektiker wollen nur den Teufel, der Gutes
im Namen des Bösen tut, mit Beelzebub austreiben,
der Böses im Namen des Besten tut.

Hiob? Wer untergeht, muss nicht gut gewesen sein,
und gescheitere Bösewichte können scheitern.

Nur der Böse weiß oft, wie gut der Gute ist.

Würde Gutes zu tun ihm nicht guttun,
wäre der Mensch längst ausgestorben.

Moral hält uns das Böse vor (die Nase).

Wie gut muss ich sein, dass ich mich
für so schlecht halte, und wie gut du dich findest,
sobald du Gutes an mir findest!

Du willst gut und besser werden.
In welcher moralischen Sportart denn?

Gut ist etwas, wenn (mir nützt,
dass) es anderen nützt.

Es gibt nirgendwo gute Ergebnisse
ohne gute Menschen, die sich (üb)ergeben haben.

Ich liebe dich nicht, weil du mir Gutes tust;
ich liebe, was ich dir Gutes tue.

Böse Menschen hoffen auf Sterblichkeit.

Man muss schlimm träumen dürfen,
um nicht schlimm handeln zu müssen,
und mancher tut am Tage Böses,
um nachts nicht böse träumen zu müssen.

Bosheit wird oft erst im Jenseits,
Dummheit schon im Diesseits abgebüßt.

Atheisten wollen nur ungestraft böse
und Fromme ungestraft dumm sein dürfen.

Gegen die böse und verrückte Normalität
hilft nur Einhaltung der Normen.

Verbrecher sind selten so edel, wie sie böse tun,
und Heilige nie so übel, wie sie guttun.

Lieber vom bösen Körper bedrängt sein
als von allen guten Geistern verlassen!

Wer die Frommen verschont,
hat noch keinen Bösewichtern geschadet.

Moralisch handeln nur noch Philosophen,
die über Meta-Ethik diskutieren.

Verkehrte Welt, die ästhetisch konventionell
und moralisch originell sein will.

Moral ist die Lust, anderen die Lust zu missgönnen,
die man sich selbst verbieten muss.

Moral heißt: Du sollst dir und mir kein Ich
für ein Du vormachen, und umgekehrt.

Moral wäre das Ziel unserer Wünsche,
wenn wir keine hätten.

Unmoral ist der spießige Versuch von Spießern,
nicht spießig zu sein.

Die Moral wird heute verdrängt —
von unserer Leidenschaftslosigkeit.

Eine Welt voller Technik ohne Ethik
braucht nicht mehr Moral ohne Verstand.

Die einzige Moral liegt heute darin,
sie nie für sich zu reklamieren.

Wer seine geistige Nahrung mit keinem teilen will,
beschränkt seine Moral darauf,
anderen die Bäuche vollzuschlagen.

Moderne Ethik fordert unmoralische Mittel zur
Schaffung einer Welt, in der ethische Forderungen
endlich überflüssig wären.

Früher wurde von Moral geredet,
um nicht vom Fressen reden zu müssen.
Heute ist es umgekehrt; das ist der Fortschritt.

Wer einer Versuchung widersteht,
sollte die Schwäche seiner Leidenschaften beklagen,
bevor er die Stärke seiner Tugend bewundern lässt.

Pfarrern beichten wir freiwillige Laster,
Psychologen unfreiwillige Tugenden.

PoEthik. Tugend nennst du jenes Laster,
für das du gerade ein anderes aufgegeben hast.

Wenn es ein Laster ist, Tugenden nur zu studieren,
ist es noch keine Tugend, Laster nur zu studieren.

Mutig können auch Lumpen sein. Es gibt kaum
eine Tugend, die nicht auch Gaunern nützt,
doch kein Laster, das menschlicher Güte dient.

Zivilisation ist der unmoralische Weg
von Rauflust über Tauflust zur Kauflust.

Wer Askese verfolgt, hasst die Wollust.

Moral heute : Einer ertrage des anderen Lust.

Ihr tut mir Gutes.
Zur Strafe müsst ihr mich lieben.

Keiner tut mir Gutes, weil ich gut bin;
jeder nennt mich gut, der mir Gutes tut.

Das Schlechte ist nicht einmal gut
für die Schlechten.

Gutes tut man ebenso oft aus Eigennutz
wie Böses aus Nächstenliebe.

Mancher tut dir Gutes,
um dich ungestrafter verachten zu können.

Es gibt nur das Gute und die Bösen.

Mancher verfasst schlechte Werke,
um keine guten Werke zu tun.

Der Gute erspart sich die Strafangst,
der Böse den Triebverzicht.

Man kann sein Bestes tun, ohne die Welt zu verändern, und die Welt verbessern, ohne Gutes zu tun.

Behandelt man dich schon gut,
wenn man sich von dir misshandeln lässt?

Gute Werke können Handlungen
oder auch Abhandlungen sein.

Viele wagen nicht, Böses zu tun,
aber doch Gutes nicht zu tun.

Ist Moral nur autoritär geregelter Zugang
zu gut verknappten Gütern?

Man findet es nicht gut,
wenn die Guten und Bösen sich gut finden.

Wer gut sein will, will zu Gott,
und wem gut sein soll, zum Tier.

Alle Menschen sind gleich
– außer den guten.

Das viele Böse gibt es ohne mich,
nicht das wenige Gute.

Das Gute gewinnt nicht mit gutem Gewinn.

Gutes oder Böses tut sich besser,
wo es sein Gegenteil vortäuscht.

Moral heißt : Sei gut zur Kuh,
damit sie besser schmeckt!

Der Christ wehrt dem Guten, um es zu stärken,
doch nicht dem Übel, um es nicht zu stärken.

Sucht man Gemeinschaft, um ungestraft gemein
zu sein, und die Einsamkeit, um unwidersprochen
gut zu sein?

Gutes Benehmen ist gut dazu,
Gier und Neugier gut zu verkleiden.

Gut bist du, wenn es dir schlecht geht,
damit es mir gutgeht.

Das Gute stößt ab, da es anstrengt;
das Schöne zieht an, weil es entspannt.

Der Mensch ist von Natur aus gut.
Wenigstens im Lügen und Betrügen.

Du bist jedem böse,
dem du nichts Gutes tust.

Ein Bösewicht tut Gutes,
indem er Konkurrenten bekämpft.

Wir sind so frei, Gutes zu tun,
und so böse, unfrei zu handeln.

Für das Gute, das du mir tust, liebst du mich mehr
als für das Gute, das ich dir tue.

Durch Religion wollen sich die Guten besser
machen, die Schlechten nur besser fühlen.

Drei Geisteskrankheiten der Moral : Der Wahn,
gut zu sein, die Manie, besser zu werden,
und die Depression, schlecht zu sein.

Tut mein Gutes tun und gutes Tun
mir zu gut, um gut zu sein?

Man täte mehr Gutes,
wäre es schwerer und verboten.

Gute Leute preisen liberalen Egoismus,
Egoisten lieber Sozialismus.

Das böseste Mittel,
um andere zu beschämen, ist Güte.

Man leidet unter Besseren wie unter Böseren.

Das Digitale ist nicht böse,
das Böse digitalisiert sich.

Ist schneller Sieg über Schlechtere besser
als Dauerkampf mit Besseren?

Um ein besserer Mensch zu sein, genügt es kaum,
sich schlecht zu fühlen.

Bin ich nicht so gut wie ihr,
dann sind andere auch nicht besser als ich.

Leider können mehr gemeinere Menschen mehr
als ich und mehr bessere Menschen weniger als ich.

Soll die Welt besser werden,
muss es uns schlechter gehen (dürfen).

Moral 2000 : Sei unzufrieden mit deiner Zufrieden-
heit, doch nie zufrieden mit dieser Unzufriedenheit!

Moral : Beurteile dich so hart wie mich
und mich so zart wie dich!

Moral wird immer gern verachtet,
weil das *niedere Volk* hochmoralisch denkt.

Besser christliche „Moral der Schlechtweg-
gekommenen" als Nietzsches Amor(al) der
Zugutwegkommenden.

Gütig sein und darin der Beste sein wollen,
ist moralisch paradox.

Heute werden interessante Perversionen genauso
vorgetäuscht wie früher nur glänzende Tugenden.

Wer will für Tugenden belohnt werden
durch die Erlaubnis zu sündigen?

Tugenden wären attraktiver, gälten sie für rarste
Heldentaten und Untaten für billigsten Massentand.

Verbrecher erniedrigen sich durch ihre Lust,
Rechtschaffene erhöhen sich durch ihr Leid.

Lebenslust war früher zügelnswert stark
und ist heute einpeitschenswert schwach.

Kunst & Geschichte : Sieg mordlustiger Helden
über gesetzestreue Spießer.

Gewinn und Verlust rationalisieren Lust
und Leiden(schaft).

Auch Lustschlösser bauen sich noch Luftschlösser.

Die liberale Gesellschaft zeigt unbegrenzte Toleranz
für Erniedrigte und Beleidigte, Mühselige und
Beladene, Notleidende und Habenichtse.

Manches Mitleid leidet mit Neid.

Der Gerechte muss leiden:
Wer nicht leidet, tut Unrecht.

Gegen Mitleid hilft nur Helfen,
und Hilfsbedürftige sind die besten Helfer.

Wer schlecht leiden kann,
kann oft gut mitleiden (und umkehrt).

Gute Menschen klagen, der Mensch sei nur so
schlecht wie die Welt. Schlechte Menschen sagen,
die Welt sei so schlecht wie der Mensch.

Man bewirkt seine Leidenschaften
und erleidet seine eigenen Werke.

Der Böse tut Gutes, wenn´s ihm guttut.

Bist du gut, um vor der Allmacht
oder vor dem Willen des Ewigen zu bestehen?

Man tut das Gute, das verboten wird,
mehr als das Böse, das erlaubt ist.

Widerstand gegen Bosheit macht böser,
doch Widerstand gegen Gutes nicht besser.

Alles ist doch wenigstens so gut,
dass es uns eines Besseren belehren kann.

Wahr und Falsch, Gut und Böse, Sein und Nichts
gelten noch als Nuancen voneinander.

Mathematik angewandt auf Natur ist Physik,
angewandt auf Sprache ist Logik, und angewandt
auf Ethik ist wertfrei oder wertlos.
Ist Ethik nur angewandte Theologik der Physis?

Die Welt wird ständig verbessert, ohne zu wissen,
was gut ist und wozu es gut sein soll.

Tu auch Böses nur,
wenn es dir nicht guttut!

Gut sein heißt, auf den lieben Nächsten
zu zielen und nicht zu treffen.

Hier sind gute Menschen, bessert sie!

Gute brauchen kein Gesetz, Böse brechen es.
Wozu ist es dann gut?

Intellektuelle sind Leute, die gute Werke schreiben,
statt sie zu tun.

Wer seine schlechten Seiten nicht mehr
unterdrücken kann, schreibt ein gutes Buch.

Gut scheint immer nur das Opfer.

Mach es besser oder mich schlecht!

Kann man im Himmel sündigen und in der Hölle
Gutes tun, um sich rauszuopfern?

Arme haben die Güte zu haben,
Reichen die Güter zu lassen.

Güte : *four-letter-word* der Bösewichte.

Menschliche Bosheit wirkt wie Satans Güte.

Alle Menschen sind gleich
schlecht, aber auch im Bösesein.

Verbessert die Umwelt : Werdet böser!
Bessert euch : Macht die Mitwelt schlecht!

Die Jugend heuchelt Tugend, die ihr so schwer
fällt wie dem Alter das Laster.

Ein Buch kann schlechter die Welt verbessern,
als die Welt ein Buch schlecht machen.

Widerlegt höhere Moral bessere Argumente?

Ich bin praktisch besser als mein Opfer
und moralisch besser als mein Schinder.

Logik ist die Moral des Wissens
und Moral die Logik des Willens.

Du stehst wirtschaftlich besser als dein Knecht
und moralisch besser als dein Herr.

Darf Kultur nie mit Norm und Moral quälen,
muss Natur stets mit Flut und Hunger quälen.

Wer Moral mehr missachtet als Gemeinschaft,
wirkt heute moralischer.

Moral gilt ewig, Amoral gibt's ewig.

Nichts ist moralischer, als hohe Moral zu haben.

Moral will, dass Junge alt sind,
bevor sie alt werden.

Krieg den Lust-, Friede den Luftschlössern!

Ist Moral die nobelste Art,
an der Welt zu scheitern?

Die Untersuchungsmethode ist das moralische
Rückgrat und Gängelband des Forschers.

Leider kann man sich gegen Leid
nicht abstumpfen ohne auch gegen Lust.

Verkleidet als Laster wird jede Tugend attraktiv.

Herren tut´s leid, Knechten tut´s weh.

Man kann Dummheit mit Güte entschuldigen
und Schurkerei mit Genie, aber nicht Talent
mit Charakter und Integrität mit Naturbegabung.

Lüstlinge ergreifen, Liebende sind ergriffen.

Moralen selbst haben die Sünde abgeschafft,
um die Lüste zu beenden.

Liebe deine Todfeinde, das Wahre, Gute, Schöne.

Wer materiell so anspruchslos wäre wie geistig,
hätte nicht mehr Güter als Güte.

Güte ist ein verzweifelter Versuch,
ohne Menschenkenntnis durchzukommen.

Hohen Gedanken darf man niedere Gelüste opfern,
aber auch für edelste Begeisterungen auf das letzte
bisschen Geist verzichten?

Man gibt allen wenige Güter,
aber wenigen alle Güte.

Bösewichte sind gut im Schlechtsein,
Gute sind schlecht im Begütertsein.

Besteht Moral aus den Gütern,
die jeder anderen freiwillig opferte?

Das Gute ist ein Verbrechen an besseren Kreisen
wie der Teufel ein Engel für schlechte Gesellschaft.

Gutes gibt es auf der Welt,
damit Böses sich nicht dafür hält oder ausgibt.

Der Reiche denkt nicht an das Gute,
das er tun könnte, der Arme aber an das viele Böse,
das er nicht tun kann.

Gute Schauspieler mimen gern Bösewichte.

Das Gute gehört zu den Opfern, die man ihm bringt.

Wer zu nichts gut ist, gilt schon als guter Mensch,
wenn ihm nicht so gut ist.

Die Armen müssen gut sein,
damit es der Reiche guthaben kann.

Als gut gilt, wem es schlechter geht
als Schlechteren.

Der Böse gibt sich als Guter, nur nicht im Karneval.

Das Böse ist immer konkret,
das Gute bleibt verdammt abstrakt.

Oft machen nur Fehler die Fehler gut.

Massenware ist schlecht, Luxus ist gut? Nein,
Bosheit ist Massenware, Gutsein ist Luxus.

Du bist kein Mensch;
du tust weder Gutes noch Böses.

Ist dir gut, bist du schlecht;
bist du gut, geht´s dir schlecht.

Gegen Überdruss hilft noch am besten
das Gute, Wahre, Schöne und Heilige.

Sterben musst du, zeugen darfst du, kaufen kannst
du, gut sein sollst du, lesen willst du nicht.

Der Mensch ist heute so gut,
dass er keinem Flugzeug etwas zuleide tun kann.

„Wieder sehr gut gemacht!"
(Lässt sich gut wiedergutmachen.)

Böser Wille hat Glück,
Pech hatte guten Willen.

Es ist nicht gut, dass ein Mensch allein sei
mit anderen.

Wer nicht gut ist, muss hoffen, dass alles gut wird.

Macht erst der Techniker aus böser Natur eine
gute Mutter, die Gottvater ihm nicht gegeben hat?

Die meisten sind zu schlecht für ein gutes und zu
gut für ein schlechtes Beispiel, also unbrauchbar.

Was ungern getan wird,
ist deshalb noch nicht besonders gut.

Mein Gutes tun tut mir zu gut, um gut zu sein.

Wirklich wahr ist nur Unnötiges,
und gut nur, was zu nichts gut ist.

Das Abenteuer des guten Menschen macht
das Laster zum langweiligsten Paradies.

Je besser ihr seid, desto leichter werde ich böse.

Der Böse tut, was ihn glückselig spricht,
der Gute nur, was ihn glückswürdig macht.

Wer schlecht denken kann,
will wenigstens gut leben.

Der Böse wird glücklich, wenn ihm alles glückt,
der Gute nur, wenn Gott existiert.

Wer das Böse bekämpft, wird zum Teufel.
Wer es nicht bekämpft, geht zum Teufel.

Schneller wollen und können dir die Bösen helfen.

Geld ist schlecht, weil man ohne schlechter wird
als mit.

Alles ist schlecht gemacht
oder wird schlechtgemacht.

Es gilt als üble Sitte, auf besseren zu bestehen.

Besser als große Taten wären kleinere Untaten.

Bloß keine bessere Welt!
Die hätte keinen Platz für mich.

Nichts als Bonität ist besser als gar nichts.

Ist es besser, immer besser
als etwas weniger schlecht zu werden?

Haben Bessere und Größere
ein Recht auf Gleichheit?

Machen Besserungsanstalten Anstalten,
sich mal zu bessern?

Güte ist die Tugend, sich hereinlegen zu lassen, um
zu beweisen, dass andere Menschen schlechter sind.

Macht am besten nichts besser, macht besser nichts!

Atomraketen werden schneller besser als die Welt.

Wer sich besser dünkt, muss sich bessern.

Besser betrügt,
wer sich den Ruf der Ehrlichkeit erwarb.

Ich will nicht ich selbst sein,
sondern etwas Besseres.

Bessert den Dieb!
Das gibt einen besseren Dieb.

Die Welt wird besser und bunter
– früher ideell, nun nur virtuell.

Amoral, die so viel Mühe macht wie Moral,
wird genauso umgangen.

Die meisten Menschen sind so selten glücklich
wie die *happy few* moralisch.

Doppelmoral ist eine halbe Unmoral zu viel.

Was die Tugend von der Jugend fordert,
löst kein Alter ein: Der Pyrrhussieg der Vernunft
ist das Siechtum.

Freud 2000: Der Moraltrieb wird heute verdrängt
von Sexual- und Kapitalpflichten.

Moral schafft mehr Lumpen, als sie verhüten will –
sagen ihre Opfer.

Moral würde zum Kinderspiel,
würde sie als Teufelei betrieben.

Zeitgemäße Ethik wurde nachträgliche
Rechtfertigung des technisch Möglichen.

Alles, was man ungern tut, gilt schon als Tugend.

Ich leide an deinem Mitleid,
das nie meine tapfere Geduld rühmt.

Erspart mir das Leid und Mitleid,
es mir ersparen zu wollen!

Der Traum des Gerechten: Gute Menschen
dürfen irgendwann sterben, böse müssen
unsterblich schmoren.

Mal tu ich dir ein Leid,
mal tut es mir auch leid.

Der gute Mensch macht nicht alles allein.
Er lässt auch andere ihren Beitrag leisten.

Es ist das Beste, eine Idee vom Bösen zu haben.

Es gibt kein herrenloses Gut mehr,
erst recht nicht unter Menschen.

Wie gut muss man sein, um sich bessern
zu können und zu wollen?

Goldene Mitte. Jedes Menschenkind
muss hindurchsteuern zwischen Scylla
und Charybdis, Pflichten und Rechten,
gut und böse, wahr und falsch.

Es geht uns inzwischen so schlecht,
dass wir nicht merken, wie gut es uns geht.

Schon die gute alte Zeit war ja aus den Fugen,
aber noch aus den Fugen Bachs.

Als Adam und Eva Gottes Schöpfung sahen,
sagten sie: „Es ist alles sehr gut – zu verbessern."
Als sie ihre eigene Welt geschaffen hatten,
sagten sie: „Wir sind sehr gut."

Gute Menschen missfallen meist. Sie erinnern
uns nur daran, dass wir keine sind.

Gut kann nur ein Besitz sein,
um den dich niemand beneidet.

Kann man Böses erleiden wollen,
um nichts Gutes tun zu müssen.

Der Mensch von heute hat keinen *freien* Willen.
Dieser Spielball seiner Launen hat nicht einmal
einen guten und *festen* Willen.

Dass alles vergänglich ist, ist kein guter Grund,
es kaputt zu hauen.

Wenn nur die Besten und nicht nur der gute Wille
uns regieren dürfen, siegt das Naturtalent
über Vernunft und Gerechtigkeit.

Moral ist das, was du nicht tust,
wenn du etwas machst.

Deine guten Gene werden weitervererbt,
doch nur samt deiner bösen Lebensbilanz.

Gute Taten, bei denen wir uns ertappen lassen,
schreien zur Hölle.

Du hast den langen, beschwerlichen Weg
zum *Guten und Schönen* hinter dich gebracht,
um festzustellen : Es ist längst anderswo.

Große Taten sind gute Werke, die man besser tut,
indem man sie schreibt.

Ein guter Wille zu guten Werken ist das Beste
in der Ethik, nicht in der Ästhetik.

Dein Hirn bringt die Motive für deine Handlungen
hervor, dein guter Wille das Motiv für diese Motive.

Der gute Mensch ist böse – auf sich,
weil er nicht besser ist.

Der gute Mensch besteht auf Güter und aus Gütern:
Mischung aus Schicksalskunst und Lebensgunst.

Es handelt nicht schon besser,
wer mehr Gutes tut.

Ein guter Mann schützt uns mehr vor sich
als sich vor Schutzsuchenden.

Man hofft das Beste,
indem man Gutes für Besseres opfert.

Vor dem Allerbesten ist das Gute nicht immer
viel besser als das Schlechte.

Das Beste hat aber auch sein Gutes.

Theorie will, was das Beste wäre,
Praxis will, was gut genug wäre.

Wir kennen gar nichts absolut Gutes und Wahres
mehr, aber endgültig vorläufige Methoden,
es damit auf Probe zu versuchen.

Taten können so gut lügen,
wie Worte wahr sein können.

Gute Menschen sind keine besseren Dichter
und Denker als schlechte.

Man rät gern,
nicht zu viel auf gute Ratschläge zu hören.

Der Tunichtgut tut Gutes, um besser böse zu sein.

Wer Güte sucht, sucht nicht mehr Schönheit,
wer Schönheit sucht, nicht mehr Wahrheit,
und was wahr ist, ist kaum mehr gut und schön.

Gutgemeinte Dummheit wirkt auf manchen
schlimmer als böse Absicht.

Ein gutes Verhältnis haben Leute,
die einander für schlecht halten.

Du musst Schlechtes tun, damit du an die Macht
kommst, um Gutes tun zu können, aber auch Gutes
tun, damit du Macht gewinnst, viel Böses zu tun.

Angesehen ist der Soldat gut in schlechten
und schlecht in guten Zeiten.

Es gibt viele Wahrheiten. Das ist das Falsche
an der Wahrheit. Und es gibt wenig Gutes
in der Welt. Das ist am Besten das Schlimmste.

Was weh oder schön tut, muss nicht gut oder wahr
sein, und was gut tut, nicht schön sein.

Man hasst Bessere, verachtet Erstbeste
und leugnet Gleichgute.

Der Böseste ist immer gut darin,
uns zum Besten zu halten.

Sozialismus ist nicht gut genug für mich,
und ich bin nicht gut genug für Kapitalismus.

Gebt Reichen das Risiko und Armen die Chance,
schlecht oder böse zu werden!

Was sich verschlimmern lässt,
kann noch unverbesserlich gut oder schlecht sein.

Gute Menschen mit bösen Ideen verdrängen gern
schlechte Leute mit guten Ideen.

Sozialimperativ : Sei so gut und gönn dir nicht
mehr, als von allen Gütern *jedermann* beanspruchen
dürfte – selbst die Nachkommen.

Ist es bestimmt gut, dass jeder von Natur
zu nichts Bestimmtem gut ist?

Wer was weder gut noch schlecht findet, sagt nicht,
es sei nicht gut, sondern sagt, es sei nicht schlecht.

Es gibt nie Tugend, die nicht auch Gaunern nützt,
doch kein Laster, das menschlicher Güte dient.

Man wird auch dadurch langsam besser,
dass man Güte lange genug vorspie(ge)lt.

Eine kleine Bosheit ist noch keine große Güte, doch
eine große Wahrheit immer ein kleinerer Irrtum.

Wer ist schlecht genug, um Knecht zu sein?

Güte und Bosheit, Wahrheit und Lüge,
Armut und Reichtum, Dummheit und Klugheit
sind (gute, dumme, falsche?) Satiren aufeinander.

Der Bessere ist ärmer als ich,
der Erfolgreichere schlechter als ich.

Schlechtere Menschen sind bekannt
als die besseren Menschenkenner.

Ein originelles Bewusstsein ist falsch,
eine originelle Moral ist böse,
ein nicht originelles Kunstwerk mittelmäßig.

Das Böse ist wertlos, da es nie eine Rarität war,
sondern stets banale Massenware.

Es gibt böse Mittel, den Menschen zum Selbstzweck
zu machen, und humane Mittel,
ihn nützlich zu machen und zur Not nötig.

Mancher hilft mir, weil er mich nicht lieben
kann, oder hasst mich, weil er mir nichts Böses
tun kann.

Das Vergnügen, Böses zu tun, zahlt mit Verzicht
auf das Vergnügen, Bösewichter zu verachten.

Vielen fällt es viel leichter, liebe Verwandte
zu bestrafen als böse Unbekannte.

Gegen böse Gedanken hilft kein guter,
sondern gedankenlose Gedankenfreiheit.

Eine altbekannte Bosheit, die sich nobilitieren
will, ruft sich gern als neue Moral aus

Wer einem *Kant* die asketische Moral vorwirft,
überwältigende Affekte abzuwehren, um Herr
über sich zu bleiben, ist meist noch stolzer auf
den mutigen Extremsport, sich diesen Affekten
auszusetzen.

Viele Leute leben gerade so moralisch,
dass man sie nicht einsperren kann.

Das 21. Jh. will die Probleme genetisch lösen,
die technische Lösungen des 20. Jhs. aufwarfen für
soziale Probleme des 19. Jhs., als die Lösung meta-
physischer Probleme moralische Probleme bereitete.

Entweder Gruppendruck ist Moral
oder verdrängt sie.

Wer ist schon moralisch durch das Geständnis,
unmoralisch zu sein?

Moral : Es kann dir von Vorteil sein,
nicht auf Vorteil zu sehen.

Moral : Ich müsste wohl eigentlich,
doch ich muss gar nicht.

Amoralist? Amor stirbt nicht an Moral,
Moral stirbt ohne Amor.

Moral 2000 : Lieber soll keiner profitieren
als nur einer.

Moralismus wirkt heute unmoralisch,
Moral fordert Nachsicht mit Unmoral.

Wer liebt tugendhaft seines Nächsten Weib
und lasterhaft sein eigenes?

Wer Wahrheit will, fügt sich der Realität.
Wer gut sein will, fügt sich den Normen von
Recht und Moral. Wer in den Himmel will,
fügt sich der Bibel. Wer Kunstwerke genießen
will, gehorcht Geschmackskriterien.
Wann bin ich also frei?

Wirfst du Lebenslust weg, wenn du die Last ab-
wirfst, für Lasterhafte genug Lust abzuwerfen?

Nur verstopfte Ohren gehorchen noch der Stimme
des Gewissens und nicht *His master's voice*.

Sind Unwissende gewissenlos?

*Wird das rigorose Sittengesetz hier
abgeschwächt zu „kasuistischem Probalismus"?*

Das Gewissen ist das, was in uns über uns
und uns doch nicht über ist.

Ist es nicht etwas leichter,
sich vor seinem Gewissen schuldig
als vor seinem Ideal minderwertig zu fühlen?

Mancher hält sein Gewissen für eine Gewissenlosigkeit
anderer gegen ihn.

Die Macht ist sich gewiss,
dass das Gewissen von ihr gemacht ist.

Gute Selbstkritik ersetzt kein schlechtes Gewissen.

Ich halte mich fast für größenwahnsinnig, weil das
Gewissen, das auf mich herabsieht, mein eigenes ist.

Niemand ist so zerknirscht, dass er nicht wenigstens
stolz wäre auf sein intaktes Gewissen.

Das Gewissen ist der starke Reiz, allen Reizen zu widerstehen. Es macht, dass ich mich schlecht fühle, wenn ich mich gut fühle, und es mir nur guttut, wenn es mir schlechtgeht.

Moderne Genussmenschen sind Leute, die uns die Lust am schlechten Gewissen missgönnen und den Armen ein Leben in Saus und Braus empfehlen.

Gewissensangsthasen gehen nicht in sich,
sie rennen in sich.

Lieber eine Gewissenschaft von Gott
als an die Wissenschaft glauben müssen.

Der Zahn des Zeitgeistes:
ein überkrontes Gewissensgebiss.

Wäre das Gewissen nicht die Stimme des Egoismus, wären wir von unseren bösen Trieben längst ruiniert.

Deine Laster wären Tugenden ohne diese Genugtuung, deinem Gewissen spielend widerstehen
zu können.

Selbsterkenntnis verschafft immerhin
das gute Gewissen, auch anderen anzutun,
was man sich selber vorwirft.

Gewissensbisse? Der tollwütige Köter
ist auf der Stelle zu erschießen!

Die Welt wird gewiss nicht besser,
solange das Gewissen nicht schlechter wird.

Wenn Schweine einen Grund suchen,
sich guten Gewissens im Dreck zu suhlen,
entdecken sie den Kampf gegen die Kopflastigkeit
des modernen Daseins.

Sünder beißen in den Gewissenswurm
und hängen an der Angel der Menschenfischer.

Ein schlechtes Gewissen
ist die beste Ruhekissenschlacht.

Wer nur ein halbes Gewissen hat,
zeiht den Moralisten der Doppelmoral.

Wirf dir bitte mein schlechtes Gewissen vor!

Wer mir ins Gewissen schweigt,
spricht mir aus dem Herzen.

Quält dich schlechtes Gewissen,
wenn du es schon als Heldentat empfindest?

Ein besserer Mensch hat ein schlechtes Gewissen,
sobald er ein gutes hat.

Höre die Stimmen des Gewissens
und lass dich geisteskrank schreiben.

Ein bisschen Gottesgewissheit
steckt in jedem Gewissensbiss.

Moderne Gewissheiten sind *Ohropax*
gegen die Stimme des Gewissens.

Am Gewissen duldet man nur noch
die äußere Stimme des StGB.

Ein schlechtes Gewissen macht ein gutes.

Recht ist nicht Rache, aber ihr gutes Gewissen.

Als frei gilt nun der Sklave seiner Triebe, als unfrei,
wer seinem Gewissen folgt und sich beherrscht.

Zahn der Zeit : Gewissheitsbiss
mit Gewissensgebiss.

Wer kein Gewissen hat, hat gewiss ein gutes;
wer ein Gewissen hat, hat kein gutes.

Gewissen : Frühwarnanlage der Unwissenden.

Auch Gewissenhafte lassen sich gehen. In sich.

Recht braucht Gefängnis,
Moral aber Gewissen.

Hemmungen und ein schlechtes Gewissen zählen
nun zu den Autoaggressionskrankheiten.

Reines Gewissen ist so schlecht,
wie eingeschenkter reiner Wein schmeckt.

Heute ist man ernsthaft und gewissenhaft
lebenslustig.

Schlechtem Gewissen ist nicht gleich
gute Besserung zu wünschen.

Wissen oder Gewissheit ist auch nicht mehr
das gute Gewissen der Ohnmächtigen.

Ein gutes Gewissen ist schlecht,
ein schlechtes ist gut : Nichts ist gewisser.

Verantwortlich bist du nicht nur deinem Gewissen,
sondern auch unserem.

Zeitgeist ist das gute Gewissen der Gewissenlosen.

Gewissenlose machen gern Gewissensbisse.

Wahrheitsliebe ist gewöhnlich eine neurotisch ge-
hemmte Libido mit notorisch schlechtem Gewissen.

Schlechtes Gewissen ist Angst vor schlechtem Ruf
bei Gott oder der Welt.

Man sollte sein gutes Gewissen bereuen
und sein schlechtes entschuldigen.

Mein Gewissen spricht nicht mit meiner Stimme.

Das schlechteste Gewissen hat,
wer nichts getan hat.

Das einzig Gute im Menschen
ist sein schlechtes Gewissen – gewesen.

Mein Gewissen ist zusammen mit seinem Opfer
in meinen Hirnzellen strafgefangen.

Früher schämte man sich seiner niederen Triebe
und verdrängte sie; heute schämt man sich
der Scham und verdrängt schlechtes Gewissen.

Gewissen, das nicht abgerichtet wird
zu richten, behält seine Beißhemmung.

Das Gewissen vermindert sich zum bloßen
Über-Ich, wie das All sich durch bloßen *Urknall*
gewiss vergrößert.

Gewissenlose haben ein gutes Gewissen,
Willenlose nicht mal einen schlechten Willen.

Wer ernst macht, braucht Mut und Gewissen;
wer spielen will, hat Kunst und Wissenschaft.

Man fordert oft verbriefte Gewissensfreiheit
und meint Freibriefe für Gewissenlosigkeit.

Das Leben verneigt sich vorm Unendlichen,
indem es sich dem Ende zuneigt,
und wer nicht durch seine Neigungen gestraft ist,
scheint mit einem Gewissen belohnt.

Das Gewissen kommt von Gottvater,
das Über-Ich von Landesvätern.

Freiheit ist die Fähigkeit,
sich ein schlechtes Gewissen zu machen.

Privates Gewissen leiht sich die Gewissheiten
der öffentlichen Meinung allzu gern.

Ist es besser, Gutes zu tun, Böses zu meiden
oder ein schlechtes Gewissen zu haben?

**Wissenschaften sind eine Sache
der Herrschaften**
Se wissen et ooch nich ...

Literaturwissenschaftler reden über Leute,
die mit ihnen reden.

Seit Freud wissen wir, was die Wirklichkeit
von den Idealen trennt : die Inzestschranke.

Mathematik ist die Wissenschaft,
die Menschen berechnet,
ohne mit ihnen zu rechnen,
und sie zählt, um nicht auf sie zu zählen.

Sex und Yoga, TV und Sport, Reisen und Basteln
— wie viele Wege es doch gibt, an Künsten und
Wissenschaften glücklich vorbeizukommen!

Selbsterkenntnis verschafft immerhin
das gute Gewissen, auch anderen anzutun,
was man sich selber vorwirft.

Welcher neue faule Zauber entzaubert
die wissenschaftliche Weltentzauberung?

Freud ist der Erfinder des Unbewussten,
ohne dessen Wissen nichts geschieht.

Unbewusstes schützt so wenig vor Strafe
wie Straflosigkeit vor dem Wissen.

Intelligenz ist Intuition in Zeitlupe, und Intuition
ist die Allwissenheitsquelle der geistig Armen.

Wissen ist Macht, aber man hört
immer nur von Machtergreifungen.

Zu viele Menschen sind eingesperrt
in die Freiheit von allem Wissensballast.

Wissen ist Macht : Anarchisten predigen Torheit?

Heute sollen alle Nein sagen, aber wenn
sie den Kopf schütteln, fallen keine Lesefrüchte
vom Baum ihrer Selbsterkenntnisse.

Wissen heißt, eine Frage nehmen
und das Fragezeichen streichen.

Adam *erkennt* seine Eva nicht mehr,
seit er nichts mehr von ihr wissen will.

Wer zurück zur Natur will, will zurück auf die
Bäume, wenn es nur kein *Baum der Erkenntnis* ist.

Daran erkennt der Sterbende, wohin es geht:
Das letzte Hemd hat Brieftaschen.

Der Baum der Erkenntnis im Paradies
hängt voller Menschen.

Nur in der Liebe ist der *Baum der Erkenntnis*
der *Baum des Lebens*.

Jeder Erkenntnistheoretiker hat den Grundsatz:
Zur Sache, Wort- und Antwortschätzchen!

Das Papier für moderne Bücher stammt
vom Baumsterben der Erkenntnis.

Selbsterkenntnis, schön, aber woran erkenne ich,
ob ich mich erkannt habe?

Wer viel Selbstbewusstsein hat,
hat wenig Selbsterkenntnis, und umgekehrt.

„Erkenne dich selbst", sagt Eva zu Adam heute
und haut ab.

Genesis 4, 1. Nach dem Apfelessen war Eva
für Adam kaum wiederzuerkennen.

Es gibt einen Selbsterhaltungstrieb,
weil keinen Selbsterkenntnis(be)trieb.

Der Baum der Erkenntnis wächst so wenig in den
Himmel, dass er nicht mal aus der Erde kommt.

Erkenne dich selbst wie deinen Nächsten; das reicht.

Stolz bin ich weniger auf das Schwein, das ich bin,
als auf meinen Verstand, der das erkennt,
und meinen Mut, der das bekennt.

Anschlag eines Tones auf das Leben? Der Deutsche
hielt den Baum der Erkenntnis für eine Eiche.

Adam *erkannte* Eva, die er zum Fressen gernhatte.
Nach Kant aber ist das 'Ding an sich' unerkennbar.

Zwei Vegetarier *erkennen* sich
und werden Ein Sojafleisch.

Ist der Stammbaum der Erkenntnis (prolet)arisch?

Nur wer seine Grenzen nicht anerkennt,
lernt sie kennen.

Der Himmelreichsapfel fällt nicht weit
vom Stammbaum der Erkenntnis.

Selbsterkenntnis ist schwer, nicht, weil man sich
selbst zu nahe steht, sondern weil da wohl einer ist,
der erkennen möchte, aber keiner, der zu erkennen
wäre.

Bei Selbsterkenntnis tröstet der, der erkannt wird,
sich mit dem, der das tolle Erkenntnisvermögen hat.

Im Paradies durfte Eva nicht die Wahrheit,
im Bett aber ihren Adam *erkennen*.
Wenn wir alle von Adam und Eva abstammen,
ist jede Liebe verbotener Inzest?

Marx wollte die Welt nur verändert wissen,
bis zur Erkennbarkeit der Wahrheit.

Wer seine Erkenntnis einschränkt,
hat noch nicht seine Beschränktheit erkannt.

Die meisten Menschen haben gar nicht
den bloßen Verstand, den sie verachten.

Wer weiß, was ich bin, der will nur,
dass ich nicht werde, was ich will.

Revolutionen sind Klassentreffen, nach denen jeder
weiß, dass der Sitzenbleiber zum Generaldirek-
tor und der ehemalige Primus zum Penner wurde.

Meine Weltanschauung ist das,
was ich von der Welt weiß,
ohne sie anzuschauen.

Das Volk weiß von allem viel zu wenig,
um darüber Unsinn reden zu können.

Taschen-Kosmologie. Ich weiß wirklich nicht, ob
wir alle einen Ur-Knall haben, aber das Halbweltall
dehnt sich immer weiter aus.

Autisten aller Länder, vereinigt euch
gegen die Kommunikationsforscher!

Die älteste Zukunft ist besser erforscht
als die forsche Jüngstvergangenheit.

Werden Marktforscher Musen,
entstehen Bestseller.

Zukunftsforschung:
Angewandte jüngste Vergangenheit?

Sex schützt vor dem Alter, aber Alter nicht
vor Lieblosigkeit — sagen alte Sexforscher.

Im Spiegel, den du mir vorhältst,
sehe ich nur den Spiegel, den ich dir vorhalte.

Bleib ständig auf deinem Standpunkt stehen,
damit er nicht zu sehen ist.

Muss man hinter die Dinge sehen,
um über ihnen zu stehen, oder umgekehrt?

Früher mussten wir zusehen, weil wir nicht
mitmachen durften. Heute sollen wir überall
mitmachen, damit wir nicht sehen wobei.

Zweihundert geschlossene Augen
übersehen mehr als zwei offene.

Wer nicht sehen will,
muss schon gesehen haben.

Alles absurd? Nur Naive sehen überall nichts
als sinnlosen Zufall.

Wer anderen nicht mehr ins Gesicht sehen kann,
hat sein eigenes verloren.

Der beste Kabarettist ist die Selbsterkenntnis.

Geh ganz befangen an die Dinge heran. Sonst
kriegst du erst gar nichts zu sehen, wovon du deine
Vorurteile nachträglich wieder abziehen kannst.

Nur die Zukunft derer lässt sich vorhersehen,
die nicht vorher ihre Vergangenheit sehen wollen.

Im Fernsehen geht es zu wie im Leben erst,
seit es im Leben der Fernseher zugeht
wie in ihrem Fernseher.

Dass alle meine Darstellungen die Realität
verfälschen, gehört zur Realität. Aber sie verfälscht
mich so sehr, bis ich sie unverzerrt wiedergebe.

Seit *Kant* lässt sich das Meinen und das Sein
schwerer miteinander verwechseln und sehen manche Dinge an sich nur so aus, als wären sie sichtbar.

Wer hinter die Dinge schaut, sieht ihr Wesen.
Heute sieht man die Dinge selbst erst,
wenn man hinter ihr Unwesen schaut.

Niemand sieht die ganze Welt vor sich.
Der größte Teil liegt hinter den Augen.

Wer allem auf den Grund sieht,
will oft nur nicht rudern, aber wer nicht rudert,
sieht den Dingen noch nicht auf den Grund.

Wer sich den Kopf verdrehen lässt,
sieht nicht Kehrseiten, sondern Verfolger.

Wer nichts sieht, muss nicht geblendet sein
vom *Licht der Vernunft*.

Jeder sieht die Welt nur durch seine Brille.
Mancher hat nicht einmal das.

Mancher sieht die Realität nicht,
weil kein Ich ihm den Blick darauf verstellt.

Wer dessen Grenzen sieht,
muss nicht zu viel Intellekt haben.

Wer das Skelett durchleuchtet,
sieht erst wirklich die Haut.

Undurchsichtig bist du nur in dem Augenblick,
wo du alles durchschaust.

Der Gesichtskreis der meisten Leute ist nicht größer
als ihr offener Mund.

Es sind die Bretter vorm Kopf, die die Weltanschauungen bedeuten und ihn über Wasser halten.

Intellektuelle sind Leute, die Leute dazu überreden,
sich von keinen zu nichts überreden zu lassen.

Es ist nicht jeder ein Intellektueller,
der sich aus seiner Materie herauskniet.

Intellektuelle klären nur noch darüber auf,
warum keine Aufklärung mehr möglich ist.

Auch wache Intellektuelle sind gefesselt
an ihre Bewacher : Mit Kopfschellen.

Auch Intellektuelle sind Wüteriche,
alles bringt sie auf — Ideen.

Meint der Name mit der Sache ihre potentiell
unendlich vielen Teile mit?

Wissen ist Macht: Wissenschaften sind eine Sache
von Herrschaften.

Ein Wissen, das sozial nutzen soll,
instrumentalisiert seine Benutzer.

Wer Künste und Wissenschaften ruinieren will,
gibt ihnen Gelder.

Von ihrem Innenleben wissen viele viel weniger
als von ihren Innereien.

Modern wird jeder, den die Natur weniger prägt
als die Naturwissenschaft, von der er nichts versteht.

Viele Kinder haben Weisheit,
Erwachsene Wissen(schaft)
und Alte Witz.

Das Reich des Geistes ist geistreich, doch Geisteswissenschaftler wissen nichts mehr davon.

Wir wollen ständig wissen,
woraus das Beständige besteht, nicht *worauf*.

Man muss Altes kennen, um zu wissen, was neu ist.
Wer nichts Neues kann, muss Veraltetes kennen, um
überhaupt etwas zu können, und wer alles kennen
lernen will, muss etwas erneuern können.

Die Kirche beschränkte die Inquisition auf ganz
bestimmte Menschen, die Naturwissenschaft
weitete sie auf alle Leute aus.

Unbekanntes bewirkt Erkenntnis. Wissenschaft
erkennt die Funktion von Religionen, Religion
die Funktion von Funktionen und Wissenschaften.

Warum widersteht die Welt unserem Willen
weniger als unserem Wissen?

Das Unnatürlichste von der Welt
sind naturalistische Naturwissenschaften.

Kunst und Wissenschaft eint nur noch das Sakrileg,
gern *über* Sakrales zu sprechen.

Gebildet ist, wer durch mehr Wissen fähig wird,
weniger zu verstehen.

Durch Wissen vereint man sich nicht mit der Welt,
sondern wehrt sich gegen sie.

Lebenserfahrung ist Wissen, wie der Igel läuft.

Baum der Erkenntnis: Wissenschaft von Landschaft
ohne Landwirtschaft.

Wissen beobachtet die Realität so,
wie wenn sie sich unbeobachtet glaubte.

Okkultur. Wissen ist präziseres Unwissen.

Wissen ist nicht mehr der Lohn der Forschung,
sondern ihr Preis.

Computer wollen das Klima in drei Jahrzehnten
wissen und können nicht mal das Wetter in drei
Tagen prophezeien.

Ich möchte lieber wissen als glauben müssen,
weiß aber nicht mal, was ich glaube, und glaube
zu wissen, weiß jedoch kaum zu glauben.

Wissenschaftler verwandeln Praxis und Fakten
in Theorietests.

Unbrauchbare wissen niemanden zu gebrauchen.

Wissenschaftler befreien uns
von der gefürchteten Willensfreiheit.

Aufklärung wird immer obskurer,
Esoterik immer wissenschaftlicher.

Mein Wissen dient dazu, Lexika zu testen.

Gebildete sind erkennbar am Stolz
auf Unwissenheiten.

Naturwissenschaft unterjocht die große Natur,
Geisteswissenschaft den großen Geist.

Sind Logiker Naturwissenschaftler des Geistes
oder Geisteswissenschaftler der Natur?

Haben nur Selbstlose Selbsterkenntnis?

Muss man also im Paradies gewesen sein,
um etwas erkennen zu wollen?

Wer sich selbst erkennt,
gibt sich selten zu erkennen,
und wer sich nie durchschaut,
wird durchschaut.

Wer sich selbst erkennt,
erkennt dasselbe wie jeder.

Wer im Schatten steht,
kann Schattierungen erkennen und anbringen

Ist Erkenntnis Strafe, Lohn oder Entschädigung
fürs Nichtmitmachen?

Du siehst mich – dich sehen –
und erkennst nichts – als dich (v)erkannt.

Selbsterkenntnis sieht vom Ufer den Fluss
und vom Strom den Strand zugleich.

Hirnforscher haben nur noch Gehirn im Kopf.

Pluralisten können alles anerkennen,
was sie kaum (er)kennen.

Marx wollte Unerkennbares verändern,
bis Unveränderliches erkannt war.

Selbsterkenntnis ist anerkannt und erträglich
als Nasenlänge vorn im Konkurrenzkampf.

Waren Früchte vom Baum der Selbsterkenntnis
auch verboten?

Sei dir bewusst, dass dein Selbstbewusstsein
nicht von dir selbst abhängt und so viel bedeutet
wie Mangel an Selbsterkenntnis.

Ich bin nicht geisteskrank, ich könnte Bäume
der Erkenntnis ausreißen.

Vier Erkenntnistheorien : Jeder (v)erkennt,
wie er die Welt (v)erkennt.

Erkenntnis : Behauptung, etwas gelte auch frei
vom System, in dem es gilt.

Neider und Hasser ersetzen
die beste Selbsterkenntnis.

Objektiv siehst du nur Unnützes,
und dir dient nur Verkanntes.

Wer Objekte subjektiv sieht,
hat Subjektivität noch nicht objektiv erkannt.

Wertungen müssen so wenig subjektiv
wie Tatsachen objektiv sein.

Zivilcourage ist nicht der Mut zur eigenen Meinung,
sondern der Wille zur objektiven Wahrheit.

Uneigennützigkeit ist die Objektivität der Praktiker,
Sachlichkeit ist die Selbstlosigkeit der Theoretiker.

Kant erkannte wenigstens ein menschliches Hirn,
das denken konnte.

Naturforscher glauben, dass die Atome,
aus denen wir bestehen, aus ebenso viel Nichts
bestehen wie entstehen.

Hirnforschung spricht unseren Willen frei,
indem sie ihn unfrei spricht.
Schuldlos schuldig wird er tragikomisch.

Bis zur Hirnforschung schlug dir die Neugier
auf dein Innenleben den Schädel ein.

Man denkt, Hirnforscher lesen,
was man denkt, nicht *dass* man denkt.

Man erforscht noch,
was man Unerforschliches erfinden könnte.

Naturforscher glauben, durch technische Anwen-
dung ihrer Entdeckungen praktisch zu handeln.

Warum ist so viel Bewusstsein Pessimist,
wo so viel Sein Optimist ist?

Gibt es Bewusstseinserweiterung durch Befreiung
von Wissensmüll?

Kann das Unterbewusste fürs *Über-Ich* selber
zum Über-Ich werden?

Ist das Glas des Bewusstseins halb voll,
ist das Glas des Seins nie halb leer.

Wer sein Unbewusstes kennenlernen will,
sollte seine Gegner befragen.

Wer sich seiner selbst bewusst ist,
muss sich seines Selbstbewusstseins selbst bewusst
sein, als wäre es das eines anderen.

Weltbild und Selbstbewusstsein sind Doubles
oder Rivalen.

Es gäbe nichts Unbewusstes, wüsste man,
wieviel es davon gibt.

Komm mal zur Sache und zu Bewusstsein
und nicht immer nur zu dir!

Zur Sache kommen nur Schwache.
Starke kommen zu sich und zu Geld.

Was für das Wesen einer Sache so unwesentlich ist
wie deren Existenz, ist gerade die Hauptsache daran.

Wer zu sich kommt, kommt noch nicht
zu Bewusstsein, und wer zur Vernunft kommt,
noch nicht zur Sache, und umgekehrt.

Eine Sache mag Hand und Fuß und eine Ursache
einen langen Bart haben, ihre Urursache hatte
Flossen und Schuppen.

Auch der Abgrund hat einen Deckel.
Das ist der Boden der Tatsachen.

Die klare Sprache verschweigt die unklare Sache
und umgekehrt.

Ihr Unwesen, das sie treibt,
ist gerade nie das Unwesentliche an der Sache.

Phänomen : Lässt sich ihre Existenz verstehen statt
fühlen, wenn das Wesen einer Sache angeschaut
statt begriffen wird?

Wird die Sprache transparent für die Sache
oder die Welt für das Wort, und ist Transparenz
selbst eine durchsichtige Sache?

Wirklichkeit als Auswirkung ihrer Ursache
ist die Hauptursache ihrer Nebenwirkungen.

Welcher Urheber zwingt uns durch welche Ursachen, von keinen Ursachen gezwungen frei zu sein?

Knechte müssen objektiv sein,
Herren dürfen subjektiv sein.

Objektiv sein heißt, eine Satire gut finden
zu müssen, nur weil man ihr Objekt ist.

Das einzige Paradies auf Erden ist die Kultur,
also die Möglichkeit, in der Hölle ganz ruhig
über deren Ursachen und Wirkungen zu sprechen.

Auf die Begreifung unvollendeter Tatsachen
ist zu wenig Belohnung ausgesetzt.

Wer an Wissen zunimmt, nimmt an Willen ab.

Die meisten Menschen zwingen die Sachen,
Sachzwänge auf sie auszuüben.

Der männliche Trieb zur Versachlichung
aller Triebe ist nicht sehr sachlich.

Die Hauptsache ist für Idealisten nur eine Sache
des Hauptes, das die Hauptrolle spielt;
Materialisten kommen zur Nebensache
und Fromme zur Überhauptsache.

Für Ärzte ist der Tod die natürlichste Sache.

Eine Sache, die vergehen kann und zu be-greifen ist,
hat Hand und Fuß.

Und die Sache mit dem *Licht der Vernunft*?
Geht gut aus.

Du kannst keine Sache an das Licht bringen,
in das du dich rücken willst,
und kannst dich nicht ins Licht rücken,
das du in eine Sache bringen willst.

Künste und Wissenschaften bereichern den ärmsten,
ihr Fehlen verarmt den reichsten Menschen,
doch Wissenschaft ist noch nicht Witz und Wissen.

Wissenschaft oder Kunst : Taktlose Eindeutigkeit
oder taktische Zwei- und Mehrdeutigkeit.

Sokrates? Ist Tugend nur Wissen, dann war sein
bewusstes Unwissen nur unbewusstes Laster.

Bibliotheken : Kneipen für Wissensdurstige
und Imbissbuden für Bildungshungrige.

Wissenschaft irrt oft so gekonnt, dass sogar
Wahrheit und Wirklichkeit an ihr irre werden kann.

Lernen ist die Klugheit der Dummen,
Wissen ist die Dummheit der Klugen.

Sind Kulturwissenschaftler kultiviert,
Humanwissenschaftler allzu menschlich,
die Geisteswissenschaftler geistreich,
Soziologen gesellig, Physiker Naturburschen,
Biologen ernsthaft lebenslustig,
und haben Futurologen eine Zukunft?

Logik ist die Moral des Wissens
und Moral die Mathematik des Willens.

Machthungrige verschlingen Bildungshungrige,
Freiheits- und Wissensdurstige wie nichts.

Wissenschaft : Fragen beantworten Antworten so,
wie Antworten nach Fragen fragen.

Jugendtorheit, Herzensbildung, Altersweisheit:
das einzige Universalwissen ohne Universitätsgrad.

Weisheit ist der Witz, Wissen als Aberglaube
von morgen schmackhaft zu machen.

Wissenschaft : Je mehr die Menschheit weiß,
desto weniger ich.

Philosophie sucht Weisheit,
der Geist findet Witz,
und Forschung erfindet Wissen.

Wissenschaft soll dein Leben erleichtern.
Musst du weiter schuften, widerspricht sie sich.

Wissenschaft ist (str)enger als Lebenserfahrung
und laxer als Logik, weder Witz noch Weisheit.

Der billigste Angriff auf Naturplünderung
ist Angriff auf teure Naturwissenschaft.

Mächtiger Wissensdurst befreit
von Freiheitsdurst besser als Machthunger.

Erkenne dich selbst –
als unbekannt und unverkannt.

Iss vom Baum der Erkenntnis,
wie man das Paradies abschafft,
indem man sein eigenes erschafft!

Das Schlaraffenland bietet nur Äpfel vom Baum
der Erkenntnis, wie man dort hinkommt.

Iss vom Baum der Erkenntnis, um aus dem *Paradies*
der Werktätigen ins Paradies der Kunstwerktätigen
vertrieben zu werden!

Modernste Essstörung : Ernährungsbewusstsein.

„Erkenne dich selbst"
als einen allen außer dir Bekannten.

Deine Selbsterkenntnis ist einfach das Gegenteil
von dem, was deine Bekannten von dir kennen.

Anerkennung erkennt man stets,
Erkenntnis aber selten an.

Alles ist ziemlich klein – von nahem,
weil man genauer erkennt,
und von ferne sowieso.

Man übt lieber anerkannte Selbstkritik
als Selbsterkenntnis.

Erkenne dich mit den Augen dessen,
was du erkannt hast.

Selbsterkenntnis erkennt man daran,
von sich befremdet zu sein.

Erkenntnis ist die ihrer Grenzen
und Irrtum der über seine Grenzenlosigkeit.

Selbsterkenntnis ist, wenn du das Wahre selbst bist.
Ob du sie hast, erkennst du nicht selbst.

Du träumst von ewiger Liebe,
die etwas Ewiges in dir (an)erkennt.

Realität erkannte man mal
an der Form des Romans über sie.

Gesundheitsbewusstsein ward zu einer
noch un(an)erkannten Geisteskrankheit.

Forscher bringen Verborgenes gern an ihr Licht.

Hirnforschung : Das riesengroße Ego
schmachtet in kleinen grauen Zellen.

Dass wir die Welt nicht geschaffen haben, muss
unser Werk sein, und *dass* das Sein abhängt vom
Bewusstsein, gilt unabhängig vom Bewusstsein.

Die Methode ist das moralische Rückgrat
und Gängelband des Forschers.

Hirnforschung : Der Kopf ist selbstgenügsam.

Was ist aus dem Bewusstsein verdrängter als jene,
die nicht nur aus dem Bewusstsein verdrängt sind?

Wer alles anfasst, begreift nichts,
und wer alles erfasst, fasst nichts mehr an.

Alles geht in seinem Inbegriff so *zu(m) Grunde*
wie jeder im Tode.

Die Gatten sind tot, es lebe die Gattung
und ewig der Gattungsbegriff!

Jeder Handgriff vergreift sich an einem Begriff.

Selbstlosigkeit ist die Objektivität von Millionen,
Subjektivität ist die Sachlichkeit von Millionären.

Objektivität heißt heute, subjektive Autonomie
in technischen Objekten zu automatisieren.

Steigst du, oder sinkt der Boden (der Tatsachen)?
Bist du auch einmal die Ursache dafür,
dass etwas ohne Ursache passiert?

Wer die Welt (ursächlich) sachlich sehen will,
darf sie weder männlich noch weiblich deuten.

Wer stets zur Sache kommt, kommt nie zu sich,
doch wo käme man hin, ginge man nur in sich?

Manche Tatsachen stecken nicht mal nackt
in ihren Verschleierungen.

Ungenaues Wort trifft die Welt genau,
exakte Sprache nur die ungefähre Sache.

Wer verantwortet, dass Ursachen für Wirkungen
verantwortlich sind?

Keiner will die Wahrheit wissen.
Sie trägt keinen Stempel „Streng vertraulich".

Vorschrift : Wissenschaftliche Geistesblitzableiter
gehören auf alle Gedankengebäude!

Wissen oder Gewissheit ist auch nicht mehr
das gute Gewissen der Ohnmächtigen.

Außenwelt und Innenleben unterscheidet man erst,
seit Natur- und Kulturwissenschaften getrennt sind.

Staat und Religion wurden hier geschieden,
um Staat und Wissenschaft verheiraten zu können.

Verleger, Psychologen und Literaturwissenschaftler
leben von seinen Träumen besser als der Dichter.

Gewissheit braucht Beweise,
Skepsis nur *ein* Gegenbeispiel.

Was Naturwissenschaftler von unserem Innenleben
sagen, ist kurios wie das, was wir vom All glauben.

Höheres Bewusstsein ist nichts
als vertieftes Wissen.

Verzeiht ihnen nicht, denn sie wissen,
was sie mit sich tun lassen.

Große Kunst und Wissenschaft sind das,
was die meisten nicht mal geschenkt nehmen.

Können und Wissen haben den Sinn,
überholter zu werden als die Wahrheit.

Rezeption nach Rezept. Komischer als Witzbücher
sind wissenschaftliche Werke darüber.

Wissen mag ja Macht sein,
doch Machthunger nicht Wissensdurst.

Unverständnis ist größer nach als vor dem Wissen.

Geisteswissenschaften wissen Geistreiche(s)
gründlich unter den Teppich zu zerreden.

Wissenschaftler, die Antworten geben,
befreien uns von der gefürchteten Willensfreiheit,
die verantwortlich macht.

Zu wissen, was uns mit Tieren verbindet,
verbindet uns nicht mit ihnen.

Vom Affen unterscheidet uns Wissen,
wie wenig er sich unterscheidet.

Wissenschaftliche Leidenschaftslosigkeit
machte immer leidenschaftlich Karriere.

Denken kommt zum Stillstand
bei Dummheit wie bei Erkenntnis.

Man will Sachen erwerben und erleben,
nicht ihr Wesen und Unwesen erkennen.

Adam und Eva in *einer* Person
hat Selbsterkenntnis.

Selbsterkenntnis beißt sich in den eigenen Schwanz.

Was nicht mein Selbstbewusstsein untergräbt,
war keine Selbsterkenntnis, aber Stolz darauf.

Seit *Nietzsche* hat jeder einen Machtwillen
ohne (maskierenden) Bildungshunger
statt einen Wissensdurst ohne Machthunger.

Der Baum der Erkenntnis wurzelt im Überirdischen
und wipfelt in tiefen Gedanken.

Wer sich selbstverwirklichte,
erkennt sich nie wieder.

„Erkenne dich selbst" nimmer
als immer Verkannten!

Zur Selbsterkenntnis ist das Selbstbewusstsein
unterqualifiziert.

Selbsterkenntnis ist die desodorierte Form
des Eigenlobs.

Wer alles zur Kenntnis nimmt, erkennt nichts.

Richtige Ansichten erkennt man daran,
dass sie fast alles falsch machen.

Liebe macht blind dafür,
dass Adam und Eva sich erkannten.

Es gibt mehr verkannte Trottel
als anerkannte Genies.

Mutter Natur gesteht unterm Verhör der forschen
Forscher gehorsam, was immer sie hören wollen.

Hirnforschung ist der Wahn, dass das Weltall mehr
unter eine Schädeldecke passt als ein Kopf ins All.

Die Sache selbst ist in der Sprache der Hirnforscher
immer reine Nervensache.

Interesse an Forschern ist oft Neugier
auf Neugierigere.

Lieber sich selbst als die Welt zu verändern,
riet uns *Descartes*. Genforscher schaffen beides.

Forscher stehen autoritätsgläubig
vor forschen Zeigerausschlägen.

Forscher empfehlen wärmstens kältere Gletscher.

Zukunftsforscher neugierig :
„Wann gibt´s mal was Altes?“

Zusammenfassung. Entsteht schon Selbstbewusstsein, wenn Fingerspitzen Fußspitzen erfassen?

Die Idee von Sein bestimmt das Bewusstsein.
Richtiges Sein verstimmt das falsche Bewusstsein.

Ich bin mir bewusst, dass mir manches nicht
bewusst ist und dass ich bewusstlos sein könnte.

Bewusstlosigkeitsanfälle erweitern das Bewusstsein.

Die meisten Sterbenden verlieren nur
ihr Bewusstsein, zu dem sie nie gekommen sind.

Selbstbewusstsein kann leichter als Unterbewusstsein das klare Bewusstsein trüben.

Die Sprache verschlägt uns ebenso oft die Sache.
Nur der Idealist hat die nötige Distanz zur Realität,
um objektiv zu sein.

Objektivität und Ignoranz verdanken sich
derselben Distanz zur Welt.

Wer einen Gegenstand zu seinem Gegenüber macht,
objektiviert es zum Gegner und Widersacher.

Auch die geistige Welt ist nicht gerecht,
aber mehr fach- als sachgerecht eingerichtet.

Nackte Tatsachen wiegen schwerer als verhüllte.

Sachlichkeit und eigene Meinung
brauchen einander nicht.

Zur Sache? Sprache auf den zweiten Blick

Die Sprache gibt die Sache wieder – an uns zurück.

Wissenschaftsgeschichte besteht
aus überholten Forschern.

Wenn man schon nicht mit der Realität spielen
kann, so doch wenigstens gewitzt oder weise
mit dem Wissen und Unwissen darüber.

Viele Forscher sind schon früh studierstubenrein.

Die Natur(wissenschaft) bestimmt mich dazu,
meine Selbstbestimmung als Fremdbestimmung
zu erkennen; die Kultur bestimmt mich dazu, meine
Fernsteuerung als Selbststeuerung anzuerkennen.

Naturwissenschaft und Technik erheben den
ehrwürdigen Anspruch auf die einzige Tradition,
die alle anderen Traditionen aufhebt.

Seit das Selbstbewusstsein vom dunklen
Unbewussten weiß, will es vom klaren Bewusstsein
fast nichts mehr wissen.

Psychologie entstand, als die Seele sterblich wurde,
Philosophie blühte auf, als das Wissen die Weisheit
verdrängte, und Kunst kam von Können,
als man nichts mehr von der Welt verstand.

Ihren Wert fürs Leben haben Naturwissenschaften
im Kaufpreis technischer Produkte, ihren *Sitz im
Leben* die Geisteswissenschaften in den Karriere-
kosten ihrer Doktoranden.

Das Geheimnisvolle der Welt liegt gewiss
in der heimlichen Ungewissheit, ob es überhaupt
ein (unheimliches) Geheimnis gibt.

Was niemals passieren kann,
geschieht wissenschaftlich aber im Unendlichen.

Wer lieber Herr auf dem letzten Stern als Knecht im
Mittelpunkt der Welt ist, soll sich von *Kopernikus*
gedemütigt fühlen? Wer von einer animalischen
Vitalität träumt, soll sich von *Darwin* gedemütigt
fühlen? Wer geschmeichelt ist von so viel Tiefe
unter seinem oberflächlichen Wissen,
soll sich von *Freud* gedemütigt fühlen?

Am besten kennt jeder die,
von denen er am wenigsten wissen will.

Wissen ist Macht? Stell dich dumm,
um Gewalttätigkeit zu kaschieren.

Wissenschaft sucht die Lösung aller Rätsel,
Philosophie und Religion finden das Rätsel
aller Lösungen.

Humanwissenschaften und Physik waren mit Erfolg
einmal Hilfsdisziplinen der Metaphysik.

Man stirbt sich aus seiner Unwissenheit heraus.

Der Motor der Geschichte ist die Naturwissenschaft,
deren Motor die Geschichtslosigkeit ist.

Wissenschaft zerlegt die Welt aus Angst vor ihr
in objektive Begriffe und subjektive Bilder.
Das moderne Weltbild verlötet den Biologismus
innerer Werte mit dem Idealismus niederer Triebe.

Kunst ermöglicht die Tollkühnheit von Feiglingen,
Wissenschaft duldet Kleinmut von Geisteshelden.

Denn sie wissen, was sie tun,
nur nicht dessen Motive und Folgen.

Wer ernst macht, braucht Mut und Gewissen;
wer spielen will, hat Kunst und Wissenschaft.

Die Physiker wissen bis heute nicht, mit welchen
leichtfüßigen Fliehkräften das explodierende All
die Schwerkraft besiegt, aber leichtfertiger Übermut
besiegt tiefe Schwermut leichter als hoher Geist,
der sie erst erzeugt.

Literaturwissenschaftler wollen im Ernst Werke durchschauen, die die Welt gar nicht durchschauen, sondern mit ihnen spielen wollen.

Wissen macht blind für besseres Wissen,
doch Unwissen nicht hellsichtig für Unbewusstes.

Als Wissenschaften noch Wissen schafften ... Hinter äußeren Erscheinungen ein Ding an sich, hinter dem Ding an sich wieder bloße Erscheinungen – aber diesmal von innen.

Kultur soll heißen, dass hundert Talente in hundert Jahren mehr erkennen und ausführen müssen, als ein Genie in einem Leben erfahren und ausdrücken kann.

Goethe contra Newton. Geständnis unter Folter hat keine Beweiskraft, doch auch Mutter Natur gibt unter Experimenten alles zu, was Physiker von ihr wissen wollen.

Philosophie treibt Probleme in Wissenschaften oder dorthin, wo keine Wissenschaft sie
– bisher oder jemals – behandeln kann.

Die Grundlagenforschung der Technik
ist eine Niederlagenforschung der Wissenschaft.

Philosophischer Logos war nicht der Weg
von religiösen Mythen zu wissenschaftlicher Logik
und blieb von Künsten durch Begriffe getrennt.

Die Grüne Front erklärt den Naturwissenschaftler
zu den Naturkatastrophen, die er verhüten will.

Der Skeptiker wird verehrt, weil er sich vor Konse-
quenzen wissenschaftlicher Gewissheiten drückt.

Wissenschaft macht Fakten solange zu Beispielen
von Theorien, bis diese Theorien als Muster-
beispiele für Tatsachen gelten.

Wissenschaftstheoretisch ist die Gottesidee
nicht mehr als eine bloße Arbeitshypothese,
mehr als eine bloße Hypothese zu sein.

Wer behält, was er über den Wissensdurst trinkt?
Er ertrinkt in dem, was er trinkt.

Wissenschaft spricht objektiv über Objekte,
Philosophie subjektiv und objektiv über Subjekte,
Literatur subjektiv über Subjekte und Objekte.

Ich komme zu gar nichts mehr, denn um zu wissen,
welches Wissen ich nicht brauche, muss ich es erst
wissen und dann schnell wieder vergessen.

Wissenschaft kann jeden traditionellen Sinn
abschaffen, doch keinen eigenen erschaffen.

Das Wissen der Menschheit verdoppelt sich
in jedem Jahrzehnt. Mein Unwissen auch.

Wer grundsätzlich nicht naturwissenschaftlich
feststellen kann, ob sein Wille frei ist, hat damit
nicht festgestellt, dass er nicht frei ist.

Glaube ist ein Schritt über dich hinaus,
Wissen ein Fortschritt über dich hinweg.

Wie können innere Hirnzustände des Hirnforschers
von meinen Hirnfunktionen wissen?

Exakte Wissenschaft ist blinder Glaube,
dass nur experimentelle Fakten zu Hypothesen
führen, die zu neuen Fakten führen.

Sind wir uns heute zu gewiss,
dass absolute Gewissheit unmöglich bleibt?

Der Naturwissenschaftler versteckt sich
schelmisch hinter Messgeräten,
um nackte Tatsachen zu überraschen.

„Was man heute wissen muss" ist genau das,
was man gar nicht so schnell lernen kann,
wie man es schon wieder vergessen müsste.

Gesellschaft ist Leidenschaft für Herrschaft
einer Mannschaft durch Seilschaft,
Machenschaft und Wissenschaft.

Wissenschaftsdispute dürfen dich überleben,
Diskussionen nicht.

Wer Leute aufklären will,
muss ihnen Wissen als Aberglauben verkaufen.

Naturwissenschaftler wissen nichts, was sie nicht
messen, messen auch nichts, was sie nicht wissen.

Kult und Abwehr naturwissenschaftlicher
Erklärungen sind naturwissenschaftlich unerklärlich.

Man muss gar nicht lügen. Es genügt,
sich zu irren oder nichts zu wissen.

Die Kirche hatte Recht, als sie *Kopernikus* nicht
glaubte: wir wissen heute, dass sich nicht alles
um die Sonne dreht.

Wer Entscheidungen als Erkenntnisse maskiert
oder wahres Wissen als freien Willen, weiß nicht,
was er will oder will nicht, was er weiß.

Auch reines Wissen um seiner selbst willen
hat einen guten Nutzen. Es dient unserem guten
Willen nach Wissen um seiner selbst willen.

Die Muttersprache ist Metasprache der Logik,
die Metasprache aller Wissenschaftssprachen ist,
die Metasprachen aller Umgangssprachen sind.

Wer wissen will, weiß noch nicht zu wollen,
und wer viel zu wollen weiß, will wenig wissen.

Erstmals erfahren nun Physiker von
unbelebter Natur mehr als Geisteswissenschaftler
von menschlicher Natur.

Wer unter der Herrschaft von Leidenschaften leidet,
befreit sich eher durch Machenschaften
als durch Wissenschaften.

Freiheitsdurst und Machthunger streiten,
wo sie eins sind; Wissensdurst und Bildungshunger
verwechseln sich, weil sie nie eins sind.

Ein Brotbrett vorm Kopf gilt nicht mehr als Wissen,
doch Erkenntnis nur als Surfbrett vorm Holzkopf.

Unser Hirn mag ja bestimmen, was wir von der
Natur erkennen können, aber was das Gehirn erkennen kann, wird umgekehrt von der Natur bestimmt,
aus der es sich entwickelte. Wahrheit ist Überein-
stimmung des Hirns, das unsere Naturbilder produziert, und der Natur, die unsere Hirne produziert hat.

Unsere Naturwissenschaft ist wahrscheinlich wahrer
als ihre Vorfahren und falscher als ihre Nachfahren,
und ihr traut man nun Endgültiges zu?

Marx 2000 : Das Sattsein bestimmt
das Bewusstlossein.

Einsamkeit kann richtiges Selbstbewusstsein,
Gemeinsamkeit muss falsches Standesbewusstsein
haben.

Wer gesicherte Erkenntnis sucht,
sucht zumeist mehr Sicherheit als Erkenntnis.

Erkennungsdienst. Man bemüht sich schon so lange
intensiv um objektive Erkenntnis, dass die Objekte
sich mal langsam erkenntlich zeigen könnten.

Wer Selbsterkenntnis und Menschenkenntnis
für nützlich hält, hat noch keine.

Wir müssen intelligenter sein als die Natur,
um etwas von ihr erkennen zu können,
doch in ihr steckt mehr Intelligenz versteckt,
als wir von ihr erkennen können.

Was wert wäre, erkannt zu werden,
aber keiner wert ist zu erkennen,
nannte Kant *Ding an sich.*

Wer arbeitet, glaubt sich selbst besser zu erkennen
als Dinge, die er nur betrachtet.

Wer Begriffe zergliedert, kommt auf ihre Objekte,
wer Objekte zergliedert, auf ihre Begriffe : Erkenntnis bewegt sich im Kreis – erdachter Objekte?

Erkennen enthält weniger „Synthesis des sinnlich
Mannigfaltigen" *(Kant)* als sprachliches Auffächern
eines emotionalen Gesamteindrucks.

Realisiere nichts Kluges, das du erkannt
haben willst, sondern erkenne das Dumme,
das du dauernd realisierst.

Macht Erfahrungen, um keine Erkenntnisse
gewinnen zu müssen, und umgekehrt!

Selbsterkenntnis : Du machst Erfahrungen mit den
Lebenserfahrungen, die mit deinen gemacht werden.

Neue Erkenntnisse verdrängen alte Irrtümer
und Erkenntnisse.

Der *Baum der Erkenntnis* wurzelt im Erdreich
des Gottesreiches und in keinem reichen Weltreich.

Menschen erkennen und anerkennen
ist meist erkennbar unvereinbar.

Adam liebt oder erkennt Eva, je nachdem,
ob er ein Auge auf sie wirft oder einen Blick.

Kann man selbst erkennen,
dass man sich nicht selbst erkennen kann?

Die letzte Kluft zwischen Sein und Bewusstsein,
Sache und Sprache, liegt im Abgrund zwischen
göttlicher und menschlicher Schöpfung, aber unser
Bewusstsein kann überhaupt nur etwas erkennen
von einem Sein, dem es selbst ja evolutionär
entstammt.

Entstammt das *Buch der Natur*
und das *Buch des Lebens* dem *Baum der Erkenntnis*
oder dem *Baum des Lebens*?

Die Welt besteht weniger aus ihren Atomen
als aus allen Perspektiven, sie zu (v)erkennen.

Eine Bürokratie erkennt man stets daran,
dass sie rasch und unbürokratisch handeln will.

Als Evolutionsprodukte erkennen wir von der Welt
nur, was unserer Selbsterhaltung (nicht) frommt –
außer ihrer (mathematischen) Logik.

Wie ein Erkenntnisobjekt auf dich wirkt,
verschwindet meist vor dem, wie die ganze Arten-
Evolution dich bewirkt hat.

Kultur liegt darin, fremde Kulturen anzuerkennen,
ohne sie zu kennen – samt der eigenen.

Gesicherter sind Erkenntnisse heute
vor alten Wahrheiten als vor neuen Irrtümern.

Kunst erschafft, was sich durch Begriffe
nicht vernichten lässt, Forscher erkennen,
was sich durch Künstler nicht erzeugen lässt.

Seit der Weltfinanzkrise ist die Welt noch reich
genug, bei CERN ihre eigene Entstehung erforschen
zu können.

Früher hatte man Geist, heute die Hirnforschung.
Sie entdeckt so viel Dummdreistes in klugen Köpfen
wie Neunmalkluges in Dummköpfen.

Ergebnisse der Hirnforschung sind Anpassungen
des Hirns an eine inzwischen unzurechnungsfähige
Gesellschaft. Ihr Hirn zwingt die Forscher zu
denken, dass sie nicht frei sind, das Hirn nicht
zu erforschen, um zu überleben. Was das Hirn
über sich selber denkt, passt sich einer Umwelt an,
die überhaupt nicht nachdenkt.

Für Hirnforscher gehört ein eiserner Wille
zum alten Eisen und trägt Handschellen.

Um die Finsternis zu erforschen, braucht es Licht –
das sie aber ja vertreibt.

Realität versteht der Forscher nur in der Tradition
seiner Theorien, der gemeine Mann nur in der Praxis
seiner Traditionen.

Naturforscher fahnden nach letzten materiellen
Ursachen aller Phänomene, als wäre die fassliche
Materie nicht mysteriöser als unfassbare Intelligenz.

Hirnforscher haben herausgefunden, dass die
Autonomie des Unterleibs und des Oberstübchens
sich gern freie Souveränität des Menschen nennt.

Heutige Hirnforscher haben entdeckt,
dass wir keinen freien Willen haben. Es wird
schon stimmen, dass wir nicht frei sein wollen.

Hirnforscher haben jüngst entdeckt,
dass der Computer-Tomograph in ihren
Hirnen keinen freien Willen entdecken konnte.

Ein Hirnforscher kann gegenüber unserm unfreien
Willen doch seinen freien Unwillen durchsetzen.

Mathematik oder Idealismus verteidigen den Kopf
gegen den Bauch, Kopfschmerzen oder Hirnforscher
den Bauch gegen den Kopf.

Aphoristische Ideen heiligen *wahres* Wissen
mit *guter* Urteilskraft in *schöner* Form.

Die Hirnforschung beweist mir, dass ich nicht
einmal genug freien Willen habe, den Glauben
daran aufzugeben.

Hirnforscher machen dich so unfrei, selbst
vom freien Nichtmüssen träumen zu müssen.

Enthauptete Hirnforscher behaupten,
dass das Gehirn hauptsächlich seine Macht
und keine Wahrheiten behauptet.

Es gibt Forscher, die nicht mehr mit dem Hirn
denken, sondern denen es zu denken gibt.

Naturforscher trennt von Naturfreunden,
dass sie lieber durch Mikroskope
als durch Schlüssellöcher schauen.

Hirnforscher untersuchen auch das werte Gedächt-
nis, können sich aber eher den Allerwertesten
als den Kopf aus dem Kopf schlagen.

Hirnforscher konnten im CT und MRT
jetzt unsere Gedankenlosigkeit lesen.

Glaube ich den Hirnforschern,
denkt mein Kopf, dass ich denke.

Hirnforscher haben die Zwangsneurose,
keinen freien Willen zu haben,
und diagnostizieren als Zwangsneurose,
freien Willen haben zu wollen.

Seit Hirnforscher jeden zum lebenslänglichen
Gefangenen seines Gehirns machen, wird wichtig:
Welche Videothek möbliert das Oberstübchen?

Die forsche These, dass es für uns nichts als innere
Hirnzustände gibt, ist nichts als ein innerer Hirn-
zustand des Hirnforschers.

Wie können innere Hirnzustände des Hirnforschers
von meinen Hirnfunktionen wissen?
Für Hirnforscher hat man mit dem eigenen Kopf
eine ganze Welt am Hals.

Der Geist weht, wo er will, und Naturforscher
messen, wie eine Fahne den unsichtbaren Sturm
peitscht.

Welcher Hirnforscher kann freiwillig seinen Willen
untersuchen und seine Überzeugung von dessen
Freiheit aufgeben?

Unverständliche Formeln der Forscher führen
zu verständlichen Produkten, unverständliche Sätze
der Denker zu verständnislosen Protesten.

Forscher können nicht erklären, warum sie
die Natur erklären können, aber doch erklären,
wozu sie unerklärlich sein könnte.

Menschen sollten ihre Erforschung so nehmen
wie Frauen den Sexualkundler: die Erregung,
die sie spüren, ist nicht messbar,
und die gemessen wird, fühlen sie nicht.

Ist meine farbige Subjektivität nur ein Teil
der objektiven Fakten oder die objektive Welt
bloß ein blasser Ausschnitt unserer Subjektivität?

Bestimmte *Kant* nur subjektiv, dass seine
Subjektivität die objektive Welt bestimmt, und weiß
er objektiv, dass er die Dinge nicht objektiv sieht?
Es könnte mir ja nur so erscheinen, dass an sich
nichts so ist, wie es mir erscheint.

Forscher können mutmaßen,
Täter aber Mut messen.

„Alles ist subjektiv" ist vielleicht selber subjektiv,
also ist es nicht subjektiv, dass es Subjektives und
Objektives gibt wie Subjekte und Objekte.

Je objektiver du die Welt siehst, desto subjektiver
kannst du sie formen, und je subjektiver du sie
verzerrst, desto objektiver beherrscht sie dich.

Es ist subjektive Ansichtssache, ob Objektivität
möglich sei, aber es steht objektiv fest, dass es so
etwas wie meine und deine Subjektivität gibt.

Die Idee von etwas, das nicht mehr subjektiv ist,
ist so subjektiv, wie es objektiv stimmt,
dass es subjektive Ideen gibt.

Wer Objekte nicht subjektiv erfährt,
hat sie noch lange nicht objektiv erkannt.

Objektiv ist ein Urteil über Mutter Natur,
das weder ihr noch dir schmeichelt.

Forscher erleben jetzt ein wärmeres Klima,
andere ein schlechteres Wetter.

Demokratie diktiert Moden
und lässt über objektive Wahrheit abstimmen.

Objekte siehst du nur subjektiv,
andere Subjekte höchstens von außen.

Kant untersuchte die Welt objektiv aus der Perspektive aller möglichen Subjekte, nicht sich selbst
aus seinem oder dich aus deinem Blickwinkel.

Den Boden der Tatsachen bildet für viele
der Sargdeckel über dem Höllenschlund.

Realismus? Auf dem Boden der Tatsachen bleibt
auch, wer sich dem Erdboden gleichmachen lässt.

Prosa verwandelt eine Sache in Sprache,
Poesie Sprache in eine Sache.

Wer eine Sache ans Licht bringt,
brachte noch kein Licht in die Sache.

Was die Sprache von einer Sache aussagen will,
kann ein Begriff nur von einem Begriff aussagen.

Wer sich einer Sache bedient,
beherrscht ihre Ursache.

Eine Sachlage zwingt zur Entscheidung,
und man entscheidet sich für Sachzwänge.

Um hinter eine Sache zu kommen,
muss man hinter ihre Ursache zurück.

Tatsachen und Wahrheiten kleiden sich in Nacktheit
und enthüllen sich gern in Lug und Trug.

Wer endlich mehr Taten sehen will als Tatsachen,
sieht bald mehr Untaten als Untätigkeit.

Philosophie denkt, dass in einer Sache mehr steckt
als in allen Philosoph(i)en.

Fakten? Vollendete Tatsachen, die verbergen,
dass sie Folgen von Untaten sind.

Wer zu präzise über Gefühle sprechen kann,
redet oft zu vage über exakte Wissenschaften.

„Zur Sache!" ruft der Redner.
„Zur Rednerschule!" ruft der Sachkundige.

Ursachen sind unbekannt. Bekannte
oder Unbekannte sind Schuldige.

Erkenne dich selbst(süchtig und –gefällig).

Dass etwas unerkennbar ist, ist meist unerkennbar.

Von allem lässt Kunst die wesentlichen,
Wissenschaft die unwesentlichen Züge weg.

Sekundärliteratur zum Aphorismus

Gerhard Neumann (Hg.): „Der Aphorismus.
Zur Geschichte, zu den Formen und Möglichkeiten
einer literarischen Gattung", Darmstadt 1976

„Ideenparadiese. Untersuchungen zur Aphoristik
von Lichtenberg, Novalis, Friedrich Schlegel und
Goethe", München 1976

Peter Krupka: „Der polnische Aphorismus",
München 1976

Hans Peter Balmer; „Philosophie der menschlichen
Dinge. Die europäische Moralistik", Bern 1981

Harald Fricke: „Aphorismus", Stuttgart 1984

Gisela Febel: „Aphoristik in Deutschland und
Frankreich", Frankfurt/Main 1985

Klaus von Welser: "Die Sprache des Aphorismus",
Frankfurt/M. 1986

Heinz Krüger: „Über den Aphorismus
als philosophische Form", Frankfurt/M. 1988

Werner Helmich: „Der moderne französische
Aphorismus", Tübingen 1991

Stefan Fedler: „Der Aphorismus. Begriffsspiel zwischen Philosophie und Poesie", Stuttgart 1992

Paul Geyer / Roland Hagenbüchle: „Das Paradox", Tübingen 1992, Würzburg 2002²

Thomas Stölzel: „Rohe und polierte Gedanken. Studien zur Wirkungsweise aphoristischer Texte", Freiburg 1998

Lada Lubimova: „Struktur und Funktion des Aphorismus : eine textlinguistische Studie", Bremen 1998

Robert Zimmer: „Die europäischen Moralisten", Hamburg 1999

Michael Esders: „Begriffs-Gesten. Philosophie als Kurze Prosa von Friedrich Schlegel bis Adorno", Frankfurt/Main 2000

Rüdiger Zymner: „Aphorismus", In: Kleine literarische Formen in Einzeldarstellungen, Stuttgart 2002

Friedemann Spicker: „Kurze Geschichte des deutschen Aphorismus", Tübingen 2007

„Die Welt ist voller Sprüche. Große Aphoristiker im Porträt", Bochum 2010

Rolf Friedrich Schuett : „Aphorismus – Philosophischer Gehalt in literarischer Gestalt", 2019

Weitere Stichwortbände des Autors

„Frauen, Freiheit, Liebe und Proleten"

„Lesen und Schreiben, Denken, Bildung,
Fortschritt, Geschichte und Alter"

„Psychologen, Soziologen und Ästheten"

„Natur, Gesundheit, Glück und Philosophie"

„Arm und Reich in Recht und Freiheit"

„Eine Ameise mit Bienenfleiß hat eine Meise"